Brigitte Gronau

Traumtänzer

Karneval in der Lagunenstadt Venedig

Texte:
Thomas M. Wellens: Seite 8–13, 16, 47, 52, 85, 92–93, 148–153, 164.
Ingrid Gretner (Lyrische Prosa): Seite 63, 86, 89, 144.
Foto Seite 13 oben: Doris und Wolfgang Prazak, Graz.

ISBN 3-7059-0103-6
1. Auflage 2000
© Copyright by Herbert Weishaupt Verlag, A-8342 Gnas,
Tel: +43–(0)3151–8487, Fax: +43–(0)3151–84874
e-mail: verlag@weishaupt.at
e-bookshop: www.weishaupt.at
Sämtliche Rechte der Verbreitung – in jeglicher Form und Technik –
sind vorbehalten.
Druck und Bindung: Druckerei Theiss GmbH, A-9400 Wolfsberg.
Printed in Austria.

Brigitte Gronau

Traumtänzer

Karneval in der Lagunenstadt Venedig

Mit Texten von Ingrid Gretner und
Thomas M. Wellens

Für meine Freunde

4

Der Traum von Pracht und Herrlichkeit, Eleganz und morbidezza ...

Für den Landmenschen waren Venedig und seine kleinen Nachbarn wie Chioggia schon immer faszinierend. Ein Leben mit und auf dem Wasser, gelegentlich auch gegen das Element, aus dem das Leben stammt, prägte das Verständnis für die Welt, für ihre Besonderheiten und Absonderlichkeiten. Und als sei es nicht genug, sich anpassen zu müssen an ein Element, das seine Kraft aus der Langsamkeit gewinnt, formt das Leben mit dem Wasser Reichtum und Armut, Mondiales und Provinzielles, Raffgier und Bescheidenheit. Palazzo und Proletariat, Bordell und Borgo, Ehrenhaftigkeit und Hinterlist. Venezia, la bella, la brutta, l'elegante, la ricca dominierte am Ende einer langen Entwicklung mit seiner Schönheit, seinen dunklen Seiten, mit seiner Eleganz und seinem Reichtum, den Seeleute, Abenteurer, Händler, Vaganten, Herumtreiber und Abstauber gewannen und verprassten, das nördliche Italien. Neben Mailand, Mantua und Genua – reich, bedeutend, gierig nach Macht und Herrschaft alle drei – war Venedig mit seiner Lage im Meer noch mehr als die anderen ein Ort, an dem sich Erde und Himmel, Land und Wasser vermählten. So beschreibt es die alljährliche Prozession, zu der Monteverdi schönste Musik geschrieben hat und die noch heute in Kostümen, Masken und festlich geschmückten Barken Ausdruck

von der Pracht gibt, mit der Venedig seine Vormachtstellung vor Rom und den anderen Städten Italiens zu manifestieren suchte. An diesem Ort, an dem vor Zeiten Menschen auf der Flucht vor den Hunnen Pfahl um Pfahl in den Lagunengrund trieben, der sie zum Handel zwang, um im Tausch mit den Landmenschen Lebensmittel heranzuschaffen: an diesem Ort, der vermischt, musste das divertimento Teil des Daseins sein. Hier musste Leben zum Theater werden, die piazza San Marco die große Bühne, auf der sich die Realität der Beziehungen zum Theater des Lebens formte. Da, wo heute vier Kapellen in der „klassischen" Besetzung mit pianoforte, fisarmonica, violino und contrabbasso „Erinnerung an Sorrent" spielen, wo sich Tango- und Musical-Klänge mischen, Kreislers „Kleiner Wiener Marsch" mit Straußens „Schöner blauer Donau" wettstreitet, auf dieser Piazza wiederholte sich, was im Theater der commedia dell'arte zunächst improvisiertes, dann artifizielles Leben war. Was sich auf der Bühne als Farce, Scherzo, barzaletta gerierte, war Kondensat und Konzentrat des Lebens, übersteigerte, simplifizierte Wirklichkeit, war es Anstoß für eine Wiederholung im Leben der Stadt. Leben – Theater – Leben: Das war nicht mehr nur Wechselwirkung, es wurde eins; und mancher realistisch-überspitzte Dialog des Dario Fo könnte leicht in den dialoghi gefunden sein, die Liebende und Hassende, Verzweifelte und Verrückte, Glückliche und Versinkende sich geflüstert, geschrien, gesagt haben. Venedigs Pracht verschwand nicht, aber seine Macht; je mehr Rom das Zentrum des Regierens wurde, je zentralistischer Italien wurde, desto weniger Bedeutung hatten seine einstmals herrschenden Handelsstädte. Venedig wurde provinziell; man sagt den Venezianern nach, auch sie seien es geworden und bis heute so geblieben. 70.000 wohnen dort, wenn sie es sich noch leisten können. Venedig, so unbedeutend es wurde, so anziehend blieb es; und

wer die Möglichkeiten hatte und hat, der gönnt sich dort ein Apartment, eine Wohnung, einen palazzo. Leben in Venedig ist „in", dort zu sterben manchem eine Erfüllung: „Tod in Venedig" nach einem wilden Leben, vergehen, enden in der Stadt, die im lebensspendenden Element Wasser gegründet ist, das hat Mythisches, Irrationales.

Solche Triebe und Antriebe brauchen ihr Fest, wollen den orgiastisch-raffinierten Höhepunkt, in dem das Mythische und Gegenwärtige, das Reale und Irrationale sich vereinen. Das geht nicht ohne Rollenspiel, das geht nicht ohne Zuspitzung, ohne Typisierung. Der Mensch – komplex in seinen Eigenschaften – ist in seinen Typen doch zu zeichnen: Der Choleriker, Sanguiniker, Melancholiker, Phlegmatiker. Unter ihnen gibt es die Gütigen, Arroganten, Habgierigen, die Wohltäter und Täuscher, die Unbedarften und Intriganten. Sie alle fanden in den Figuren der commedia ihre Ausprägung; und weil diese Ausprägung so typisch ist, haben sich die Figuren der commedia im carnevale di Venezia eingenistet: der Pestarzt, Brighella der Spitzbube, Arlecchino der Traumtänzer, Pulcinella der Scharlatan, Pantalone der venezianische Kaufmann, der Dottore als Gelehrter und Colombina, Arlecchinos Geliebte, gehören dazu. Sie alle sind nicht im Karneval entstanden, aber sie funktionieren in ihm, weil sie Typen sind und dazu Spiegel der Gesellschaft, die in Venedig entstand: Der Diener der Adligen, der kleinen Leute aus Bergamo, der Gelehrten aus Bologna, der Lebenskünstler im Allgemeinen. Wer sich wie die Fotografen mit dem Abbilden des Lebens befasst, stößt unweigerlich auf das Phänomen der Verkleideten, hat er doch zu erkennen, ob ihm die, die sich von ihm – oder ihr – fotografieren lassen, ihr wahres Gesicht zeigen. Wer Masken fotografiert, weiß, dass der Maskierte meist unbewusst sich demaskiert. Entweder trägt er sich selbst oder sein Gegenteil vor sich her: „Der Mensch ist ein

wahrer Narzisst, er bespiegelt sich überall gern selbst, er legt sich als Folie der ganzen Welt unter", behauptete Goethe. Wer die Masken des venezianischen Karnevals fotografiert, hat daher eine vielschichtige Aufgabe. Hinter die Maske zu schauen, zu empfinden, ob die Maske die wahre Persönlichkeit zeigt oder das Gesicht hinter der Maske die eigentliche Maskierung ist; aus dem starren, unbewegten Minenspiel (kein Widerspruch, denn die unbewegte Maske wird von einem sich ausdrückenden Körper transportiert, dessen jede Bewegung, sei sie noch so kalkuliert, pure Emotion ist) das Wesen Mensch zu entwickeln und dieses Wesen in seiner Umgebung so abzubilden, dass alles eins wird in Kontrast oder Ähnlichkeit, diese Aufgabe ist so komplex, dass es mit ein paar routinierten „Schüssen" durch teure Objektive nicht getan ist. Wer nicht an der Oberfläche bleiben will, wer nicht Schein als Sein verkaufen will, der muss in den Karneval eintauchen, daraus auftauchen, ihn abschütteln, ordnen.

Wenn Masken und Venedig sich im Stil des Settecento und Ottocento vereinen, dann muss das als Einheit eingefangen werden. Bilder des venezianischen Karnevals sind Bilder von Venedig als Ganzem. Der Reiz, das Abbild einer Stadt, deren versunkene, nun nur zeitweise beschworene Wirklichkeit als Grundlage für mehr als nur eine Reihe von Bildern mit maskentragenden Personen zu formen, wurde zum festen Plan, als sich die Zusammenarbeit mit denen vertiefte, die von überall her kamen und kommen und die „die Masken" sind. Es sind ja nicht nur oder sogar am wenigsten die Venezianer, die in den Kostümen der commedia oder des Rokoko oder ihrer Fantasie stolzieren, posieren, flanieren. Nur wenige wie den „Conte", den heimlichen Herrscher über Sitte und Ordnung, Recht und Moral, über das, was sich für Masken schickt, gibt es. Ihm, dem sie, wenn er das Caffè

„Florian" an der Piazza San Marco betritt, die Reverenz erweisen, er ist einer der wenigen Venezianer, die man auf den Piazze, auf den Brücken über den Kanälen trifft. Die anderen feiern auch carnevale, gehen auch in Kostümen, aber meist zu privaten Bällen: Teuer und für „Extraterrestrische", solche, die nicht aus der Lagunenstadt stammen, praktisch nicht zugänglich.

Seit 1994 arbeitet Brigitte Gronau an ihrem Thema – „Venezianische Masken" – mit nie verlöschendem Eifer. Sie behauptet von sich, sie sei süchtig nach Karneval in Venedig. Mit Sucht muss es schon zu tun haben, sich die kiloschwere Kameraausrüstung umzuhängen und im grauen Morgen die Menschen, mit denen sie arbeiten will, an einem Platz, vor einer Fassade zu treffen, um der Einheit aus verborgenem Gesicht und verborgener Schönheit nachzuspüren. Mit Sucht muss es zu tun haben, Ornamente zu vergleichen, Faltenwurf und Fassadenformen zu finden, die miteinander korrespondieren. Mit Sucht muss es zu tun haben, eine ganz bestimmte Haltung vor ein ganz bestimmtes Gebäude zu stellen, damit so der Mensch zur Basis des Baus, sein Ausgreifen zum Umgreifen des Ganzen werden.

Immer zum Jahresanfang beginnen die Telefonate, mit denen geklärt wird, wer denn in Venedig sei. Dabei bleibt selbst einer Insiderin manches zunächst verborgen, enthüllt sich erst beim Wiedersehen: Ein neues Kostüm an einem „alten" Bekannten, den sie dann doch erkennt, das ist wie das Wiedersehen von heimlichen Liebenden: the same place, the same time, the same procedure as every year. Dann wird, wer auch immer hinter der Maske und in dem Kostüm steckt, ein Teil von ihr: Bilder entstehen nicht aus Altruismus, Bilder sind Produkte des Egoismus, eines fruchtbaren allerdings, der, wenn er gewonnen hat, was er für sich wollte, das Gewonnene teilen, mitteilen kann. Die Maskenbilder spiegeln Venedig. Die unbewegten, in sich und ihren oft vollendeten Proportionen ruhenden Fassaden, die Bögen, Säulen und Pilaster, die Pflaster, alles und alle spiegeln sich im Wasser der Kanäle. Dort sind sie immer bewegt. Dass sie tanzen, wenn die Wellen an die Wände laufen, die Boote der Händler und die Gondeln der Touristen die graue Oberfläche verdrängen oder durchschneiden, wenn der Rhythmus der Ruderschläge zum Rhythmus der Zeit wird – eine Bewegung, ein Vorantreiben, eine Pause sind wie das Hineinlaufen in den Tag, seine Geschäftigkeit, seine siesta, sein Verdämmern –, das muss man erspüren, als optische Fährte empfinden und in Bilder umwandeln. Venedigs Karneval zu fotografieren ist keine amüsante Beschäftigung, eher ein ruheloses Vagieren mit dem Ziel, zur rechten Zeit am besten Ort für das einzige Foto zu sein, das man machen kann: das beste. Nur wenige gehen unmaskiert in den Kostümen; nahezu grell empfindet man die Frauen, als schreiendes Leben im Reigen der sich Verbergenden, Schweigenden. Das Faszinierende an diesen Figuren ist der Kontrast zwischen Leben und Tod. Sie gehen, gestikulieren, winken, knien, verbeugen sich. Sie sind in Aktion, immer bedacht, bemerkt zu werden in ihrer auffälligen Distanziertheit. Nimmt man die Bewegung wahr, abstrahiert die Kostümierung, versucht man, den Bewegungsausdruck mit dem Gesichtsausdruck, die Aktion mit der Emotion zu

verbinden – man scheitert: Da ist das
emotionale Nichts, die leere Augen-
höhle, umrahmt von überirdischem
Symbol – da scheinen Sonne und
Mond zu leuchten und sind doch nur
Reflexion äußeren Lichtes. Von
außen sind sie wandelnde Vergäng-
lichkeit, schreitende Ewigkeit, posie-
rendes Universum. Doch die Augen
sprechen: Aus der Goldmaske voll
Verheißung, aus der blauen Maske
voll Verlangen, aus der weißen

Maske voll Nichtbegehren. Damit beantwortet die Fotografin die Frage, woraus das Antlitz
besteht, ja, wie wenig es braucht, das Bild eines Menschen zu gestalten: Aus einem ellip-
tischen Bogen und einer Linie. Sie beschreibt, wie Menschen und ihre Bauwerke, ihre Land-
schaften und Mitmenschen belebte Beziehungen selbst da eingehen, wo das Grau und
Schwarz des Todes durch eine rote Rose zu schmerzhafter Intensität werden. Sie beschreibt, wie sich Leben und Tod umarmen, so wie das Meer Venedig umarmt, in das es gegründet wurde und in dem es einmal untergehen wird. Karneval ist das Fest des Untergangs,
die Masken sind das wahre Gesicht der Menschen. Sie formen das Drama der Existenz,
nicht nur das der Venezianer, nicht nur das der Masken. Deshalb ist Karneval eine ernste
Sache, die nirgendwo besser stattfinden kann als an dem Ort, dessen Tod in seiner Grün-
dung schon beschlossen war: Venedig.

Gelb und Gold

Und fällt der gelbe Strahl der frühen Sonne
auf Gold, das bleiches Antlitz birgt;

und hüllt das goldne Tuch noch früh im Jahr
das bleiche Haus, das goldne Maske trägt;

und schlägt der Gloriole Glanz
die Dunkelheit des Horizonts,

beginnt in schwarzer Tiefe das Begehren
und sucht verzehrend den Genuss,
der in Verborgenheit Erfüllung weiß.

ROT

So rot ist in diesen Tagen das Meer,
wenn der letzte Strahl der kalten Wintersonne auf der Lagune liegt.

So rot ist in diesen Nächten der Mond,
wenn der erste Schein des müden Wanderers auf die Palazzi fällt.

So rot ist in diesen Tagen das Kleid,
wenn der letzte Taumel des Lebenshungers auf die Ufersteine sinkt.

So rot ist in diesen Nächten der Kranz,
wenn zum letzten Mal die weiße Hülle die Wirklichkeit verbirgt.

So rot ist in diesen Tagen die Hand,
wenn sie zum ersten Mal des Anfangs Ende ganz behütend birgt.

So rot ist in diesen Nächten der Stein,
wenn er zum letzten Mal die jetzt verbrauchte Hülle ziert.

So rot.

ICH

Das hättet ihr nicht gedacht,
dass ich ganz anders bin, als ihr mich gesehen habt.
Ihr habt geglaubt,
die Maske sei mir ähnlich!
Doch weshalb sollte ich sie dann tragen?

Ich bin süchtig nach Genuss,
ich lebe mich, ich fülle mich mit Außen.
Selbst ohne Maske
seht ihr nur Fassade,
und was dahinter ist, das wollt doch ihr nicht wissen.

Ich weiß, was ich bin.
Ich bin der ganze Mensch, mit Maske bin ich mehr.
Dahinter bin ich bunter,
voller Vielfalt, stetig wandelbar
und überrasche mich noch selbst, wie ich mich sehe.

Das hättet ihr nicht gedacht,
dass ihr mein Ich zweifach erleben könnt.
Ihr habt geglaubt,
ich sei sogar Euch ähnlich!
Ihr irrt, weil ihr nur Masken tragt.

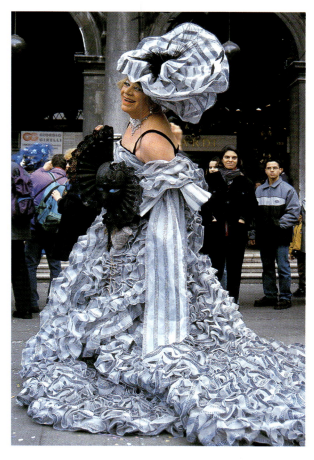

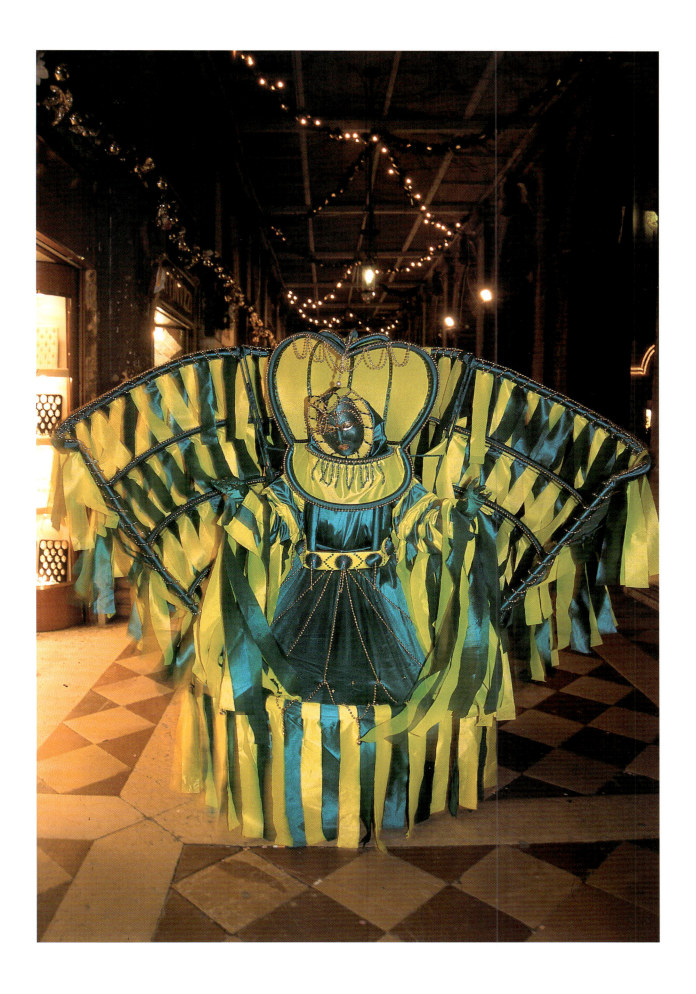

LA DOLCE VITA

bin ich die schuldige schwester von „Gelsomina"
getränkt von barocker freude
die zeit versiegelt

spiegle madonna oder dirne
so übersinnlich prall, ich dralles mädchen
geruch nach algen, fisch und wein

eine moritatensängerin vor apfelfarbenem himmel
auf der schmalen brücke des lebens bebe ich
ohne gnade lachend der wahrheit entgegen

eine durchdringung:

singe melodien aus „Amarcord"
Fellinis roter schal als ein nonnengewand
meine besondere lebendigkeit ein italienisches fest

wünsch mir meine totenfeier im zirkuszelt

... und trinkt ein glas Brunello dann ...

auf mich

SCHWARZ

Ist es ein Mühlrad, sind es die Meereswogen?
Und was beherrscht ihr hoch erhob'ner Blick?
Und welche Botschaft hat sie,
die Sterne trägt als Zierde ihres Kleides?

Ist sie die Macht?
Muss sie das Rad, die Wogen tragen?
Verkündet sie der Sterne Botschaft, die Zierde des Gewandes?
Kommt sie aus Fernen, die das Ende sind?

Zeigt sie den Frieden, droht sie mit Gewalt?
Verlockt sie mit Verdammnis?
Verdammt sie die Verführten?

Ist sie die Königin der einzigen Rose?
Ist sie die Herrin, einen Winter lang?
Und wer lag ihr zu Füßen,
dem sie die letzte Rose nahm?

IL CONTE

so halt ich fest
den schmerzglanz des geliebten lebens

im licht des mosaiks
werf ich die taube in den wind
und lass die karten ineinander fallen

krallende schattengeflechte
verblühte rosen vor geheimisvollen pforten

die orte Casanovas voll hundert tiefer einsamkeiten
den duft der frauen fast vergessen

die sehnsucht wird mich nie verlassen
nach neugebornem stern

ich war der kleine prinz

und mein salon
die Piazza
pulst in prallem leben

FREIZÜGIG

diese kleine gier, der hunger schon vor dem frühling
schwüle, gerüche, betörende geräusche
ein fest für die sinne

granatäpfel runde pigmentflecken
in geöffnete hände

himbeerschimmer in deinen augenvögeln
an meine zarteste kniekehlenhaut

wie brennende freude maulbeergespräch
(wie kommen engel in die welt?)

am himmel pfirsichfarbene lagunen

ganz spiel bin ich in tanzfigur verzweigt
nackter nun als nackt
wie schöner schmerz

kommzumirichbinüppigundwarmkomm

jetzt

VENEDIG, IM CARNEVALE VIELER JAHRE

Verehrter Herr,

vor einigen Tagen bin ich in Ihrer Stadt angekommen, nach einer langen, beschwerlichen Reise, die mich aus dem kalten, verwinterten Norden über die Alpen in Ihre Stadt gebracht hat. Lange schon sehne ich mich danach, Ihre Bekanntschaft zu machen und lausche begierig den Erzählungen derer, die Sie schon kennen. Überall auf den Plätzen der von Ihnen so geliebten Stadt suche ich nach Spuren, suche Menschen, mit denen Sie gesprochen haben, die mir von Ihnen berichten.

Gestern war ich dann im Caffè Florian, wo ich Sie zu treffen hoffte, weil man mir berichtet hatte, Sie nähmen dort zur gewissen Stunde Ihren Kaffee. Es waren zu viele Menschen da, als dass Sie mich, wenn Sie gekommen wären, gesehen hätten, doch sollen Sie wissen, woran Sie mich erkennen können, wenn Sie heute Nachmittag auf der piazza den Musikanten lauschen oder sich anderweitig verlustieren wollen: Meine üppigen, tiefroten Haare werde ich zu einer großen Krone voller Locken frisieren. Brillanten aus den schwarzen Ländern werden meine Ohren zieren, Ketten aus indischen und madegassischen Perlen meinen Hals umspielen. Schwarzer Samtkragen wird mich vor der Kälte schützen, zwei Rosen ihn und meine Ärmel schmücken. Mit dem perlenbestickten, edelsteingeschmückten Fächer werde ich meine Augen vor Ihnen verbergen, mit Spitzen aus Florenz meinen Busen züchtig vor Ihren Blicken verhüllen.

Während ich nach Ihnen suchte, sind mir viele begegnet, die mit Ihnen, Signor, sich messen wollten: Solche, denen der prachtvolle Hut gut zu Gesicht steht, solche, die mit samtenen Handschuhen und großen Ringen, mit goldgewirkten Gewändern und geröteten Wangen glaubten, sich mir nähern zu dürfen. Doch in diesen Tagen des carnevale, wo sich hinter der bauta mancher verbirgt, der den Conte gibt, ohne es zu sein; der mit stolzen Worten glaubt, mich verführen zu können, hat mein Stolz es sich zum Ziel gesetzt, Sie zu erobern und nicht erobert zu werden.

Ich möchte Ihnen daher antragen, Signor, dass es der palazzo Ducale sei, an dem ich Sie heute gegen vier Uhr des Nachmittags erwarte. Es gibt nur einen Ort an diesem palazzo, der mir dafür geeignet zu sein scheint: An der Ecke des Südflügels, am Molo, wo dem trunkenen Noah und dem Sündenfall eine Skulptur gewidmet ist. Zum sicheren Zeichen, dass Sie die Richtige sehen, finden Sie in der busta mein Tüchlein. Sein Parfüm wird mich verraten.

Lassen Sie uns dann durch den portico Foscari und den arco Foscari die scala dei giganti hinaufschreiten. Wir wollen durch die Gemächer des palazzo wandeln; und auf dem ponte dei sospiri werde ich das erste Mal den Schleier lüften, damit Sie meine Leidenschaft erahnen – für den carnevale, für Venezia und für Sie. Es soll der Tag sein, es soll die Begegnung sein, die ich nie vergessen werde, derentwegen ich eine lange Reise getan und einen weiten Weg gemacht habe: Auch wenn Sie in Wahrheit schon lange Vergangenheit sind, ohne Ihre Geschichte gäbe es die meine nicht: nicht als Mensch, noch als Maske.

132

142

ELFENZAUBER

eine melancholische belächlung
von oben herab der zauberblick
auf die weltgemeinschaft
wie helles geheimnis, glitzernde verheißung

weißer marmor, möwenschrei
die bunten boote, das goldene mosaik
lichter im nebel, ein schachbrett aus glas
die nackten herzen in elfenhände gelegt

bewahrt und getröstet
die augen berührt und von neuem erhellt
fällt zauberlicht auf unser leben
gebt uns frieden und freude

ginster, girlanden als wegzeichen
wohin wir gehn
den blick voll wehmut
im herzen musik

DER BERÜHMTESTE KARNEVAL …

D er vaporetto, eigentlich ein Dampfer, der inzwischen zum dieselgetriebenen Wasseromnibus mutiert ist, schippert durch den Canale Grande, schlängelt sich durch die Reihen der Gondeln, sucht zwischen Transport- und Krankenbooten, vorbei an den Hotels der feinen Leute und der Anlegestelle der Peggy-Guggenheim-Stiftung eine Fahrrinne. Weiter draußen, wo die Pracht und die Herrlichkeit der Fassaden und Balkone sich mit der Nüchternheit und dem industriellen Charme der Bahnhöfe, Lagerhallen und Handwerksbetriebe mischt, wo Venedig seinen Charakter als Handelsstadt am meisten bewahrt hat, beginnen die Stadtviertel, in denen man das Leben der Lagunenstadt am besten erforschen kann. Auf dem Dorsoduro etwa, dem Viertel, das auf mehr Sand als die anderen Quartiere erbaut ist. Entlang der „Rio", auf zugeschütteten Kanälen der Quartiere San Paolo und Santa Croce haben sich die Betriebe angesiedelt, die Italien so typisch geschäftig, umtriebig erscheinen lassen: die kleine Schneiderei, der Schreiner, die Klempner, Zeitungshändler, Lederverkäufer. Hier gibt es die Trattorien und Osterien, in denen sich auch die Venezianer ihre pasta schmecken lassen können – nicht überall muss man für Spaghetti mit vongole ein Vermögen ausgeben. Venedig ist teuer, manchem Venezianer zu teuer. Anderen ist es lieb und teuer, aber sie besuchen es nur einmal im Jahr: Zur Karnevalszeit.

200 Jahre lang lag der berühmteste Karneval Europas im Dornröschenschlaf, verborgen hinter der Dornenhecke von Provinzialität und Bedeutungslosigkeit. Außer in der

Literatur, der Biennale und im Teatro la Fenice spielte Venedig für Italien keine zentrale Rolle. Die Stadt am Rande der Adria lebte vom Ruf ihrer Lagunen und ihres Lido, als teure Attraktion mit morbidem Charme zugleich bekannt und berüchtigt. In Wahrheit war und ist Venedig zwar ganz anders, nur sind es zu viele Nichtvenezianer, die das überdecken. Es bedurfte einer Rückbesinnung auf die eigenen Werte, um auch den Karneval wieder zu erwecken. Das Bewusstsein, für die Dinge des Lebens besondere Formen gefunden zu haben (die Regatta storica, die Biennale, das Festa della Sensa als Vermählung Venedigs mit dem Meer, das Festa del Redentore als Dank für das Ende der Pestepidemie und natürlich der „Pagliaccio", das Verbrennen der großen Strohpuppe am Ende des Karnevals und mit ihr das Verbrennen aller Sünden des vergangenen Jahres), musste die Menschen irgendwann wieder daran erinnern, dass sie nicht Teile eines industriellen Ablaufs waren, Molekül der Globalisierung, Zulieferer für Kunst und Kitsch. In einer Stadt, in der die Feuerwehr mit dem Boot zum Löschen ausrückt und die Verstorbenen auf die Toteninsel San Michele gerudert werden, ist eben alles anders.

Die sich am meisten mit Leben und Tod befassen, die Theaterleute, sie kamen vor gut 20 Jahren auf die Idee, einen Maskenball zu veranstalten: Un „gran ballo macabro", ein „Großer Ball des Makabren" war das preludio zum Karneval, der seit 1979 wieder offiziell gefeiert wird. Bei diesem Ball sah man Fahnen, die den Totenschädel trugen, und man sah den Tod als Maske: So war Venedig spätestens seit den Zeiten der verheerenden Pest, die hier Italien erreichte und die Stadt 1346 zum ersten Opfer des „schwarzen Todes" machte, so ist Venedig mit Friedrich Nietzsche, Richard Wagner, Thomas Mann ein Ort, an dem Todesahnung und das Spiel um und mit dem Tod das Wesen der Stadt geprägt haben.

Während in den Anfangsjahren der Karneval unter der Leitung der Biennale stattfand (bis 1983), liegt sie heute in der Hand der Kommune. Doch gerade beim Karneval sind es – man glaubt sich ans rheinische Pendant erinnert – die Privatleute und Vereinigungen, die ihn maßgeblich beeinflussen und gestalten. Dazu gehören „La Scuola Grande di San Marco", die von Anfang an ihre Mitbürger dazu bewegen konnte, die Häuser zu schmücken, sich eine Maske aufzusetzen und die Straßen mit Maskentreiben zu beleben. Venedigs Verwandlung begann, und sie bewirkte, dass sich die Venezianer mehr denn je mit ihrer Stadt identifizieren können, die so sehr vom Massentourismus – gerade zur Karnevalszeit – heimgesucht wird, dass man die Venezianer zu suchen beginnen muss. Wo täglich 300.000 Menschen die Verwandlung ihrer Spezies beobachten, muss, wer am Ort lebt, viel Ausdauer und Widerstandskraft haben, sich darin zu behaupten. In Maske ist das fast einfacher als unkostümiert.

Deshalb haben sich in den „Compagnie della Calze" die zusammengefunden, die den traditionellen Karneval mit seinen historischen Kostümen, Formen und Ritualen wieder feiern: „Traditionalisten", die ein farbiges Zeichen auf dem rechten Strumpf („calza") tragen. Diese „Compagnie" gab es schon im 15. und 16. Jahrhundert, als der Karneval trotz mancher Verbote (etwa, maskiert in die Nonnenklöster einzudringen) gefeiert wurde. Nie gelang es der Obrigkeit, das Maskentragen zu unterbinden, selbst als es ganz verboten war: Napoleon hatte Venedig erobert, der letzte Doge dankte ab, der Karneval als Möglichkeit des Protestes gegen Fremdherrschaft und Unterdrückung wurde untersagt. Aus dem Fest der Sinne, der Lust an der Lust, der Feier vor dem Fasten war die bürgerliche Auflehnung geworden, zwar verkleidet, aber erkennbar.

Venedig, die Stadt, die im 18. Jahrhundert die meisten Theater besaß und in der Goldoni die improvisierte „commedia" zum inszenierten Theaterstück weiterentwickelte, war stets eine Reise wert gewesen – zahlreiche Berichte bedeutender Reisender und nicht nur die Goethes und Herders, sondern auch die Lord Byrons, Mark Twains, Richard Wagners und Italo Calvinos belegen es. Wer es sich leisten konnte, reiste nach Ravenna, Venedig, Florenz und Rom; wer als Venezianer zu Geld und Reichtum gekommen war, veranstaltete

Feste, Feuerwerke, Regatten, Maskenbälle. Als Zentrum des Luxustourismus hatte Venedig die Möglichkeit, einen Teil des Geldes einzunehmen, das ihm durch die modernen Produktionsmethoden, die es nicht hatte, sonst entgangen wäre. Die Stadt wucherte mit ihren Pfunden: Seide und Spitzen, Glas und Kupferstich, Buchdruck und Vergoldung erlaubten trotz der Krise einen wirtschaftlichen Aufschwung – Beleg für die Möglichkeit, auch mit anderem als mit industrieller Massenware wirtschaftlich erfolgreich sein zu können.

Dennoch: Mit den Luxustouristen allein hätten Venedigs Maskenmacher und Kostümschneider langsam aber sicher auf den Ruin zugesteuert. Als sie aber 1980 ausverkauft waren, weil Venedig zum Narrenschiff geworden und der Canale Grande zur Schlagader des Karnevals, mussten neue Werkstätten

ten gegründet werden, die die klassischen Masken wie die weiße „bauta", die Halbmaske, ebenso herstellen konnten wie die immer fantasievolleren, die für den Themen-Karneval der folgenden Jahre nötig waren: „Die Lichter Venedigs und des Orients", „Casanova" waren zwei besonders spektakuläre, die in den zehn Tagen, die der Karneval dauert (vom Sonntag der Woche vor dem Aschermittwoch bis zum Karnevalsdienstag), zwei Sorten Besucher in die Stadt brachten: Solche, die agierten, die sich Masken kauften, Kostüme schneiderten, um sich in einer Art kultivierter Loveparade im Stile des 16. bis 18. Jahrhunderts selbst zu inszenieren, selbst zu feiern und selbst zu begeistern; und solche, die Venedigs Karneval zum Kauf von Souvenirs anregte: Masken und Kostüme, die dann auch andernorts bei Rokokofesten und Themenbällen wieder Verwendung finden. Wer heute nach Venedig fährt, hat die Wahl zwischen „San Marco im Schnee" und der „maschera nobile", die schlicht, einfach, weiß das Gesicht bedeckt und – undekoriert, wie sie ist – alle Standesunterschiede beiseite schiebt.

Ob nun das „volto", wie die schlichte „bauta" auch heißt, oder ob eine Prachtmaske aus der Fertigung eines Betriebes, der zur „Compagnia Mascherai Veneziani" (Interessengemeinschaft der venezianischen Maskenmacher) gehört, immer ist es Handarbeit, wie man sie in den kleinen Läden im Quartiere Dorsoduro sehen und teilweise erlernen kann. Die Maskenmacher Venedigs, von denen viele ihre Läden da haben, wo der Canale Grande sich

mit dem Charme der Bahnhöfe, Lagerhallen und Handwerksbetriebe mischt, wo sich die Seitenkanäle zu einbahnigen Fahrrinnen verengen und die ganz schmalen gar zugeschüttet sind (nur noch der Name „Rio" erinnert daran, dass dort einmal Wasser floss), sie versuchen, die traditionellen Handwerksformen zu erhalten und zugleich die fantastischen Ansprüche der Kunden aus aller Welt zu befriedigen. Immer noch ist eine „echte" Maske reine Handarbeit, immer noch ist es das Modell eines Tonkopfes und seines Gipsabdrucks, mit dem die Herstellung beginnt. Immer noch wird mit Löschpapier und Leim eine Pappmaché (cartapesta) hergestellt, die in der Innenseite der Gipsform auf die Vaselinebasis aufgebracht wird. Jeder Hohlraum, jede Wölbung wird mit den kleinen Papierfetzen ausgekleidet. Leim, Spezialfarbe und Gaze verbinden sich in der Gipsform zu einer reißfesten Struktur, die, ausgelöst aus dem Gips, durch die Augen-, Nasen- und Mundausschnitte ihr Gesicht bekommt, weiß grundiert und anschließend dekoriert wird.

Die „Karneval-Infizierten": Schon morgens sind sie unterwegs, posieren, lassen sich fotografieren im Fantasiekostüm und mit Maske. Auf der piazza San Marco hofft und fürchtet man zugleich, dass die Freunde unter den Maskenträgern, die sich seit Jahren dort ebenfalls maskiert einfinden, den Hinzugekommenen (er kann eine Frau in Männergestalt, ein Mann in Frauenkleidung sein) nicht gleich, aber schließlich doch erkennen. Es folgen die Vorbereitungen für den ganz großen Auftritt im historischen Kostüm ohne Maske: Umziehen, Schminken; Accessoires wie Silberstock, Fächer, Schönheitsfleck, alles will bedacht sein und auch die Tatsache, dass jedes Jahr das Kostüm ein anderes sein soll. Der Traum aller, die am Karneval der Lagunenstadt in historischen Kostümen teilnehmen, ist der Einlass ins „Caffè Florian", das Floriano Francesconi 1720 in den alten „Prokurazien" im Süden der piazza San Marco einrichtete. Hier trafen sich Literaten, Bonvivants, Kavaliere und Snobs. Wenn das „Florian" Platz hat, möglichst noch am Fenster, wenn man von draußen bewundert wird und nach draußen flirten kann, dann erfüllt sich für viele ein Wunsch, den sie jahrelang mit sich herumtragen, für den sie Organza suchten, Seide, Strasssteine, Flohmärkte bereisten, um an alten Schmuck zu kommen, nähten, planten, sparten. Abgehoben von der staunenden Masse, erhoben durch das eigene Gefühl unbeschreiblicher Begeisterung, umgeben von Gleichgesinnten, mit denen man das alles teilen kann: Das prägt und formt, macht süchtig und infiziert, es ist ein Spiel, das verwandelt.

So wie sich der vaporetto vom Dampfschiff zum dieselgetriebenen Massentransportmittel wandelte und doch seine venezianische Behäbigkeit, seine zielgerichtete Langsamkeit behielt, so verändern sich auch die Menschen, die mit den Masken zu tun haben: Die den Karneval organisieren, finden in den Themen sich selbst wieder, weil sie mit den Themen die Möglichkeit haben, eine ihrer Facetten darzustellen und auszuleben; die die Masken produzieren finden die Möglichkeit, bis zu den Wurzeln alten venezianischen Kunsthandwerks zurückzukehren und in der Welt der schnellen Massenproduktion mit ihrer persönlich gestalteten Arbeit ihr Leben zu unterhalten; die ihre Produkte kaufen und tragen finden sich als Wesen wieder, die hinter der Maske eines gemeinsam haben: Jeder entdeckt etwas Neues und muss, je nach Temperament und Lebenseinstellung herausfinden, ob er die Veränderungen zulassen oder ablehnen will. Vielleicht ist alles, was mit dem Carnevale di Venezia zu tun hat, nichts anderes als ein großes Modell der Erschaffung der Welt, wo vom Atem des Maskenmachers bis zur Gestaltung des Paradieses oder der Hölle alles möglich ist. Dann wären die Fahrgäste im vaporetto alle mögliche Ergebnisse dieser creazione del mondo. Und wirklich – ob sie Masken tragen oder ihr wahres Gesicht zeigen, wagt man oft nicht zu entscheiden. Karneval ist eben immer und er bietet stets die Chance, anders zu werden oder endlich das zu sein, was man ist. Deshalb gibt es ihn, und deshalb wird er immer sein – so oder so ist das Leben.

BLAU

Es ist nicht Tag, es ist nicht Nacht.
Es trägt die Sonne, Sterne, Mond.
Es schimmert um den Erdball
und im All wie unendliche Tiefe.
Es färbt das Meer, es tönt den Himmel.

Blau macht sie stark, die Dinge,
die es trägt.
Silber wird kostbar,
Gold wird kühl.
Weiß wird Blau,
Schwarz wird tief.

Blau ist ein Wunder.

Danken …

… möchte ich all meinen Freunden, den Photographen und ganz besonders den Masken
für ihre Hilfe. Ohne ihre Unterstützung und ihren Einsatz wäre dieses Buch nicht
möglich gewesen. Meine Aufenthalte in Venedig waren Zeiten der besonderen
Begegnungen und werden es immer bleiben.
Meinem Mann, Emanuel Gronau, danke ich, dass er mir gezeigt hat,
wie man „richtig" sieht.